I0479338

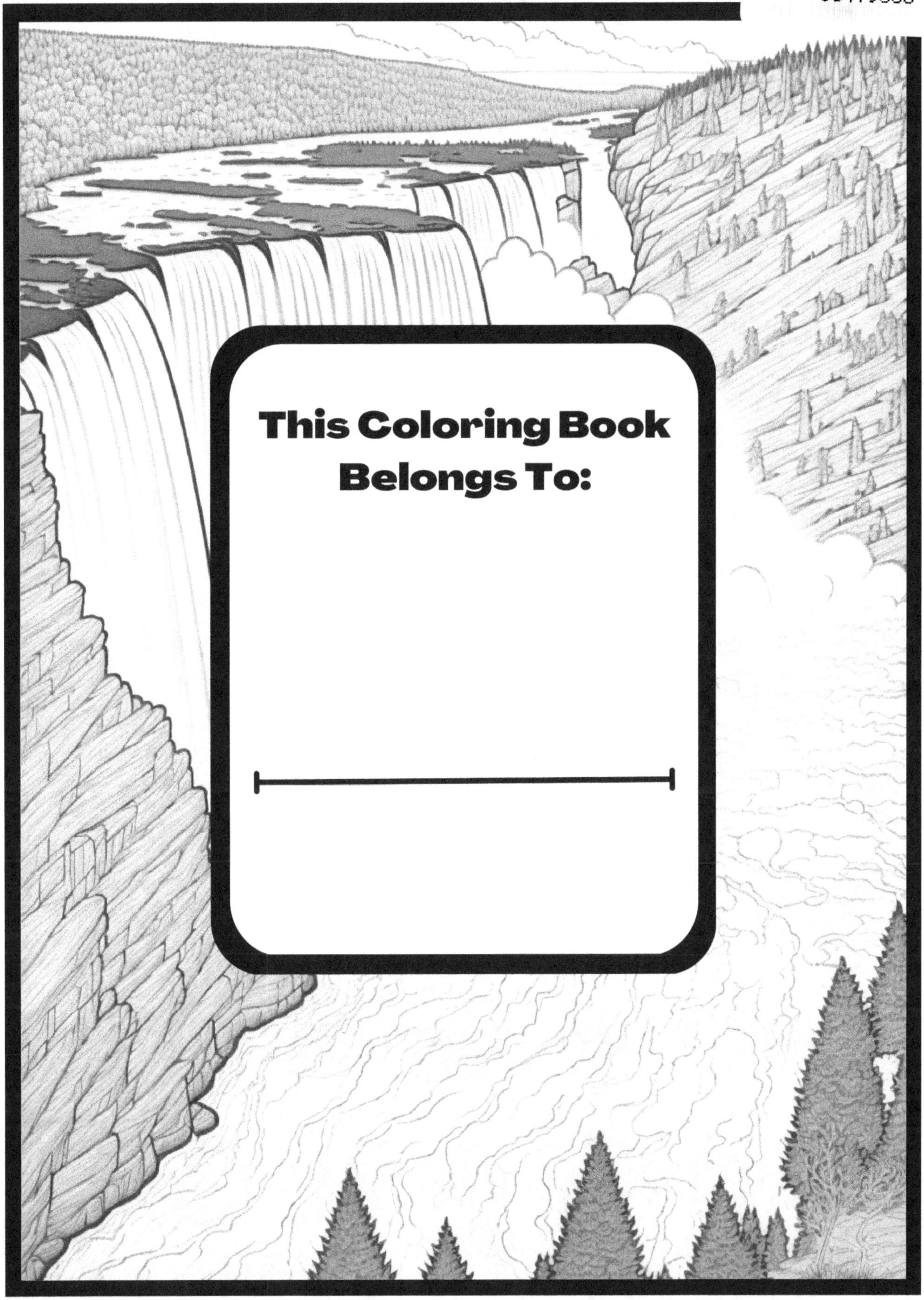

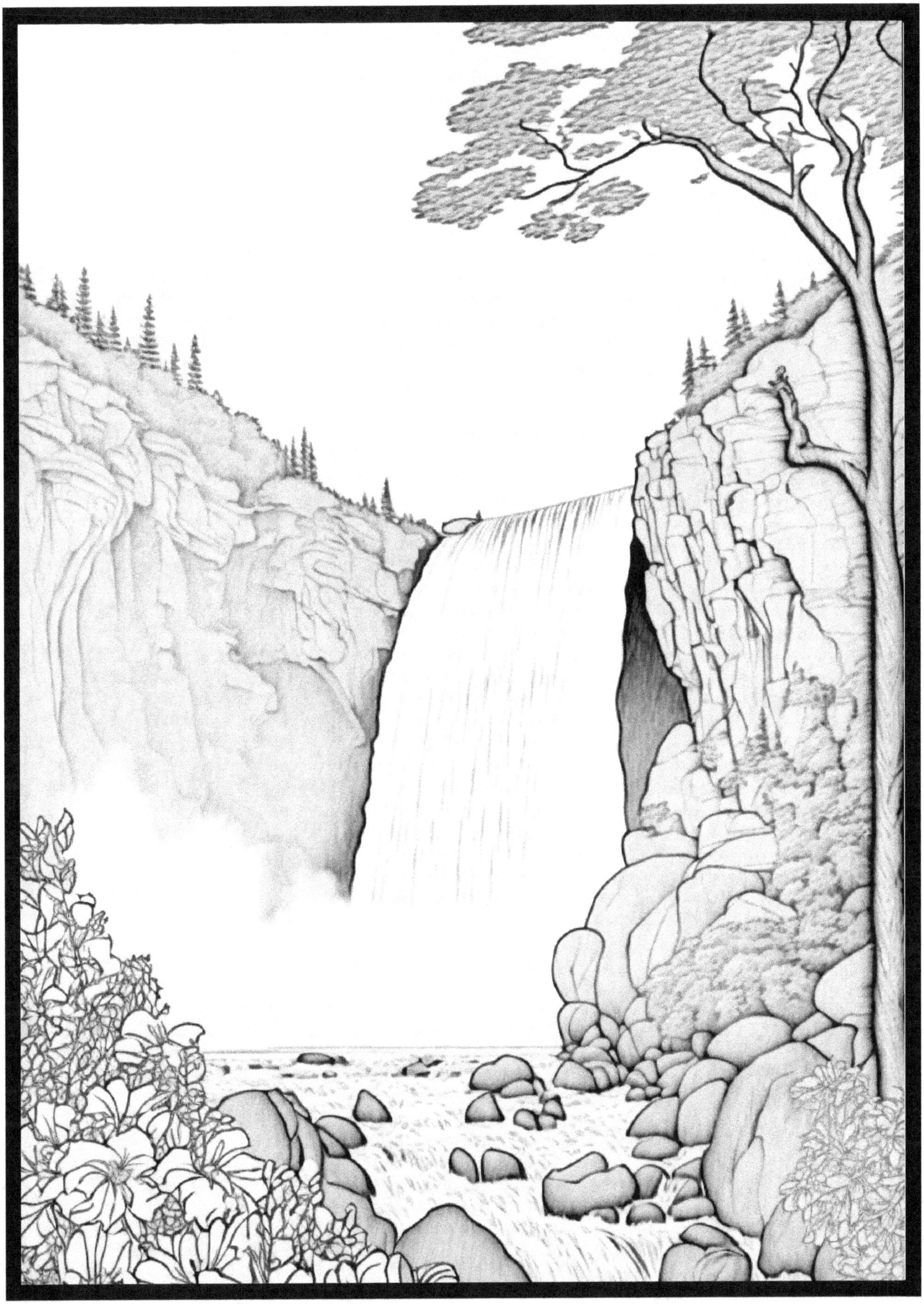

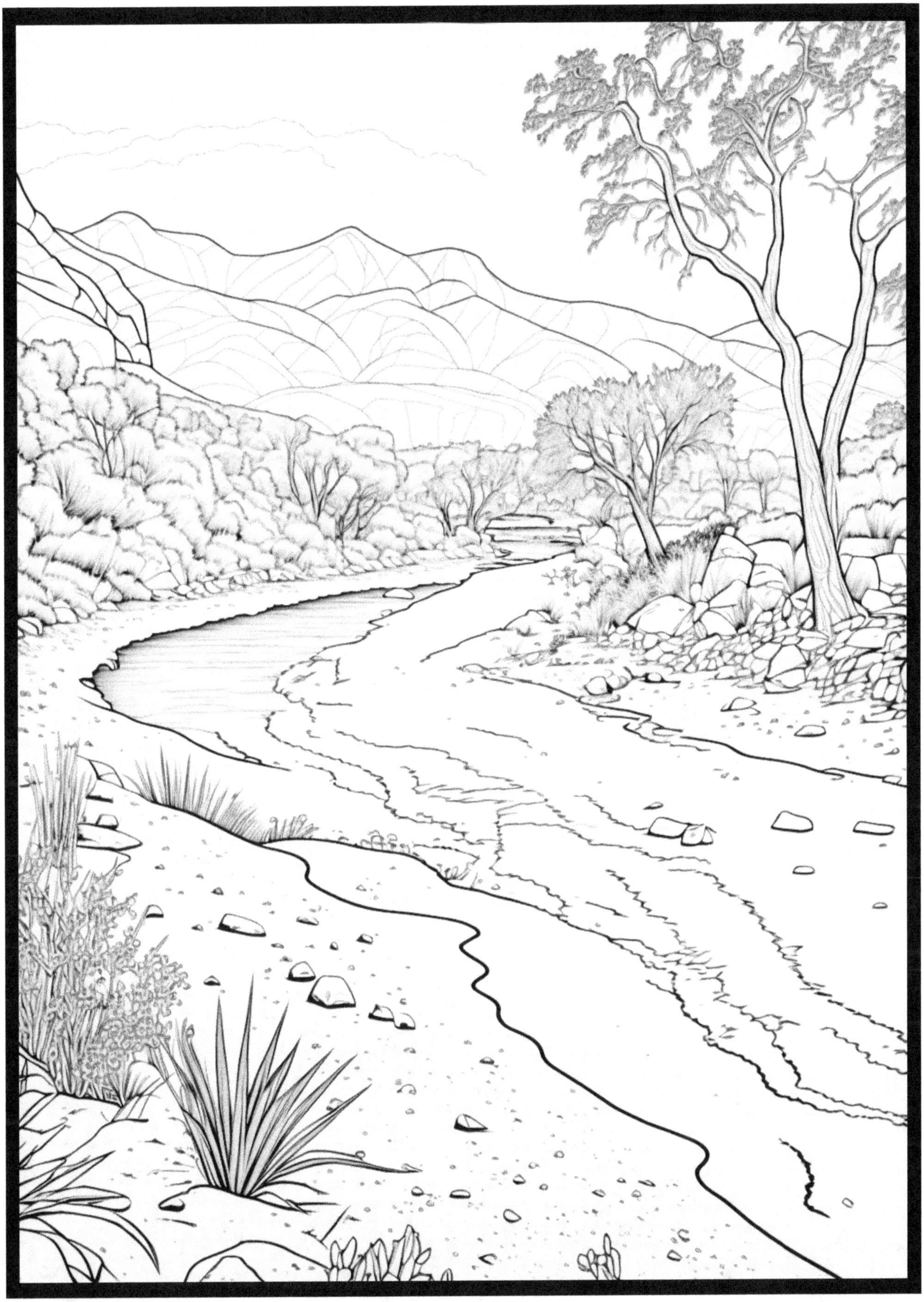

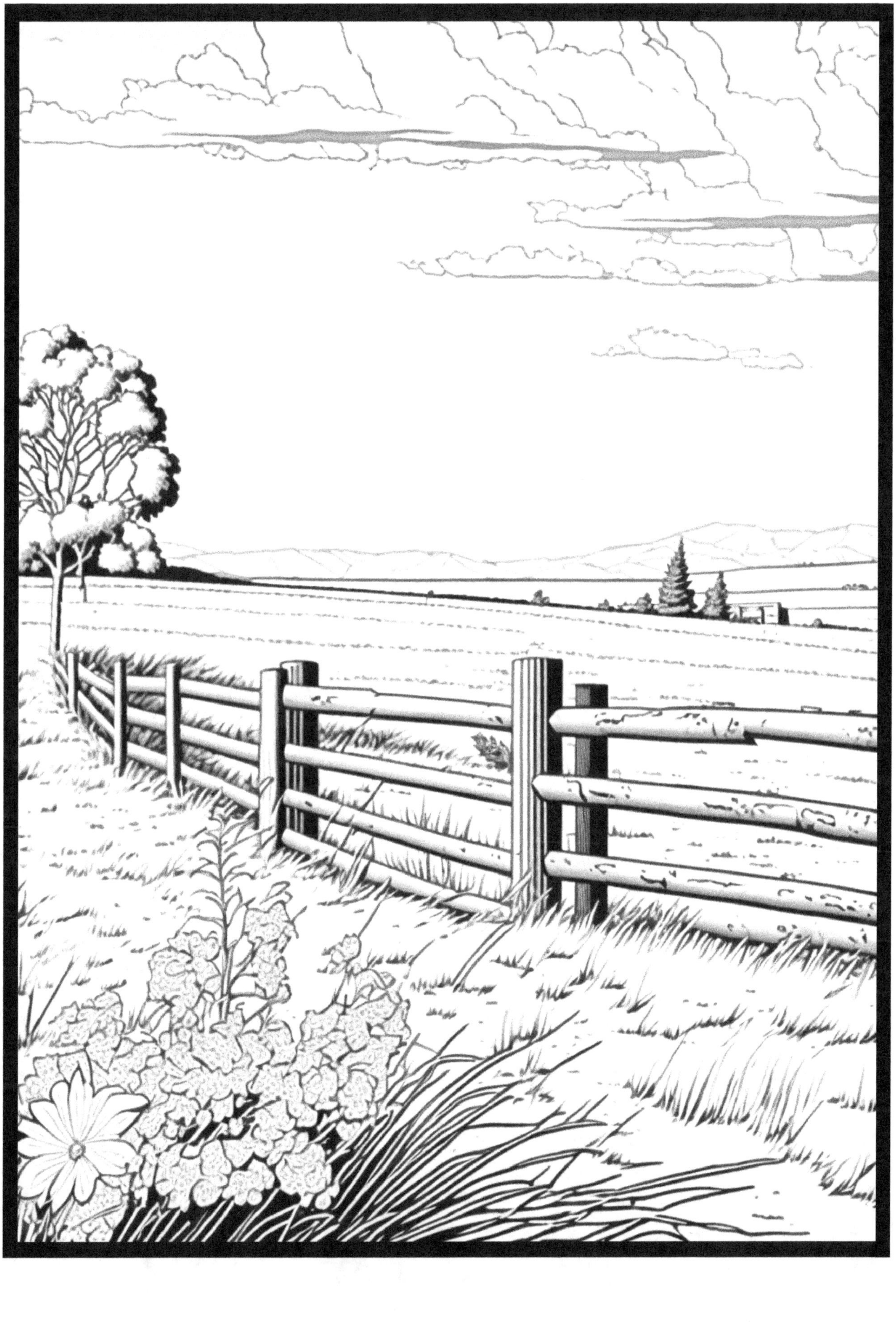

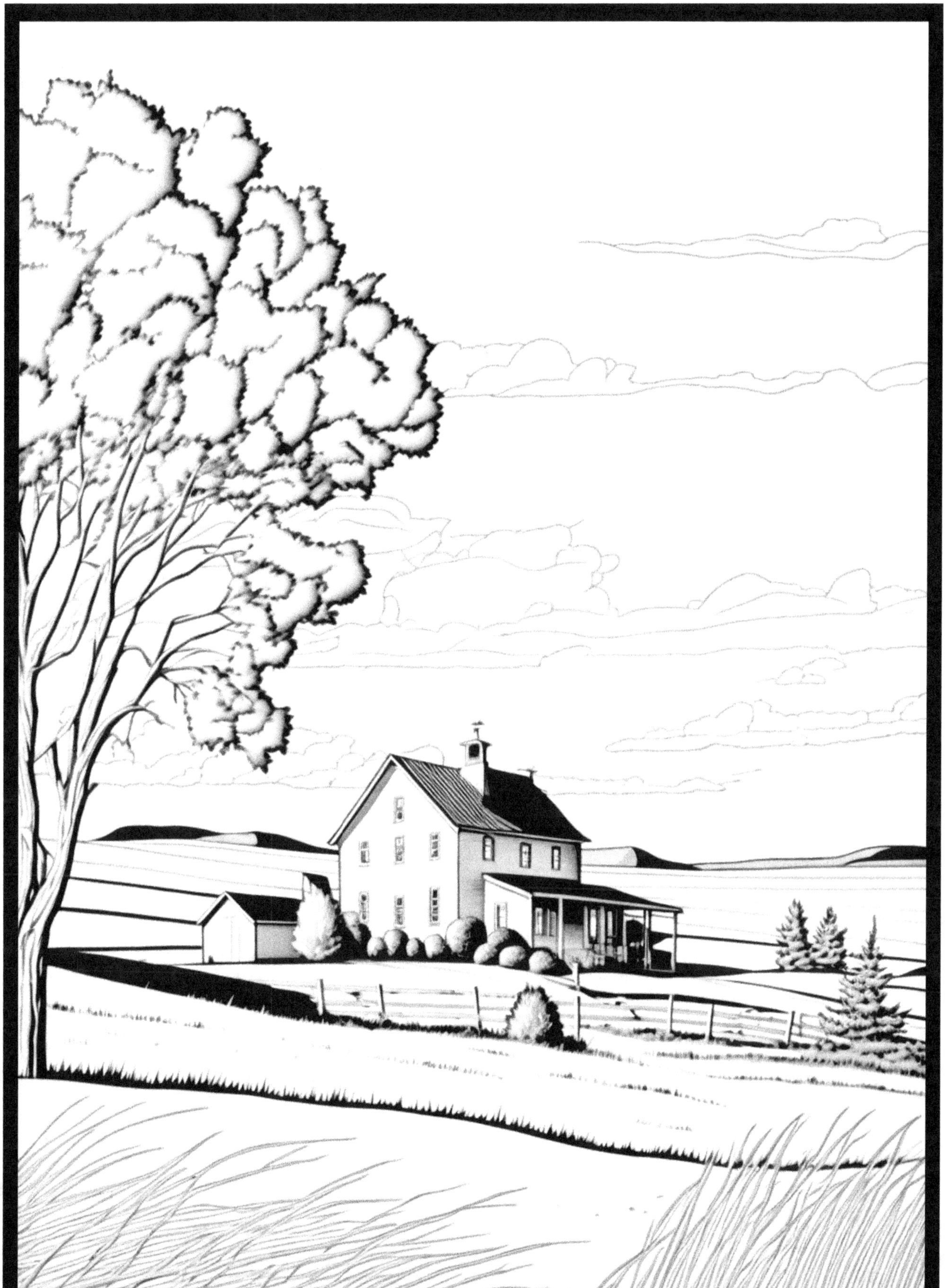

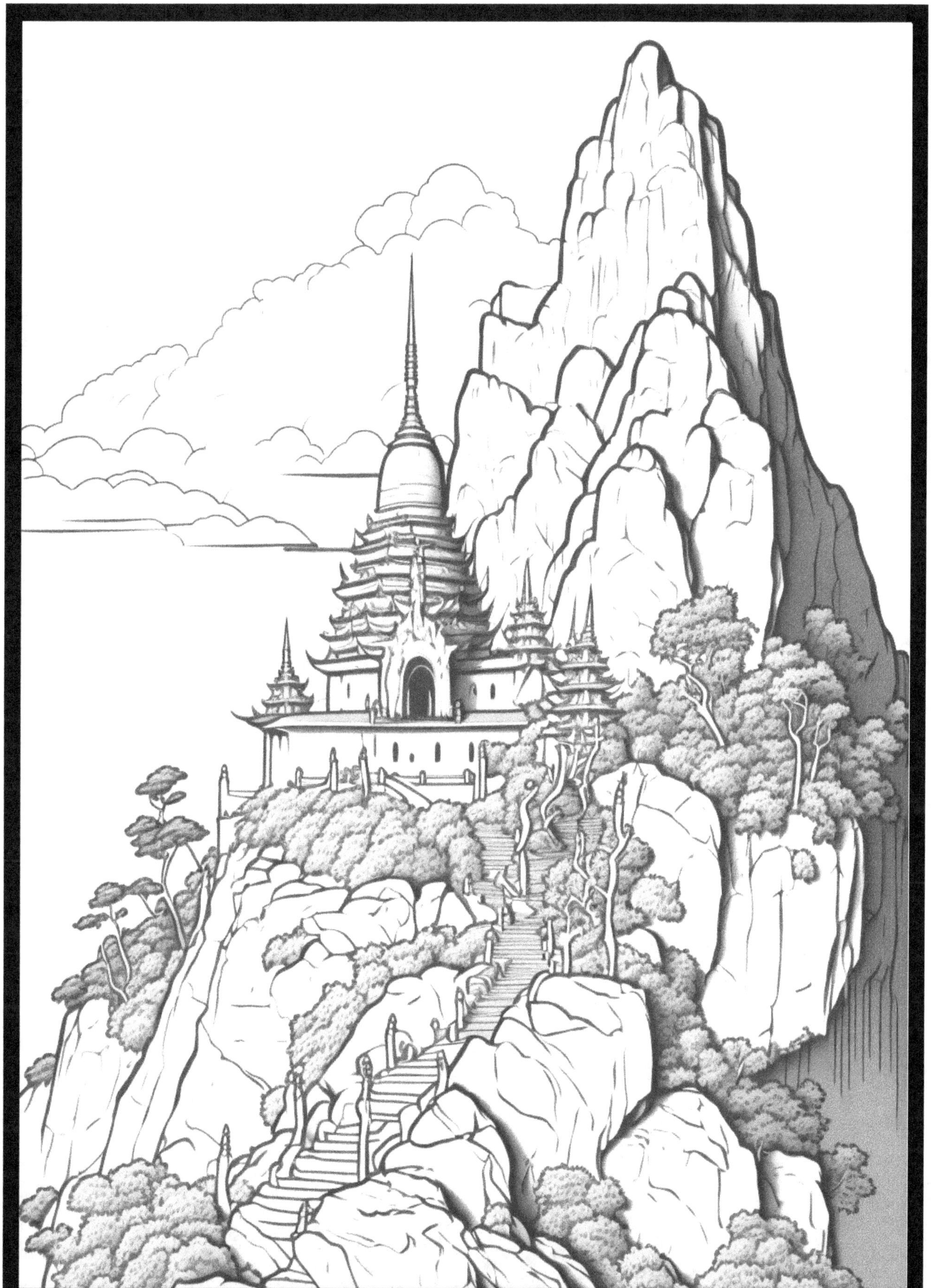

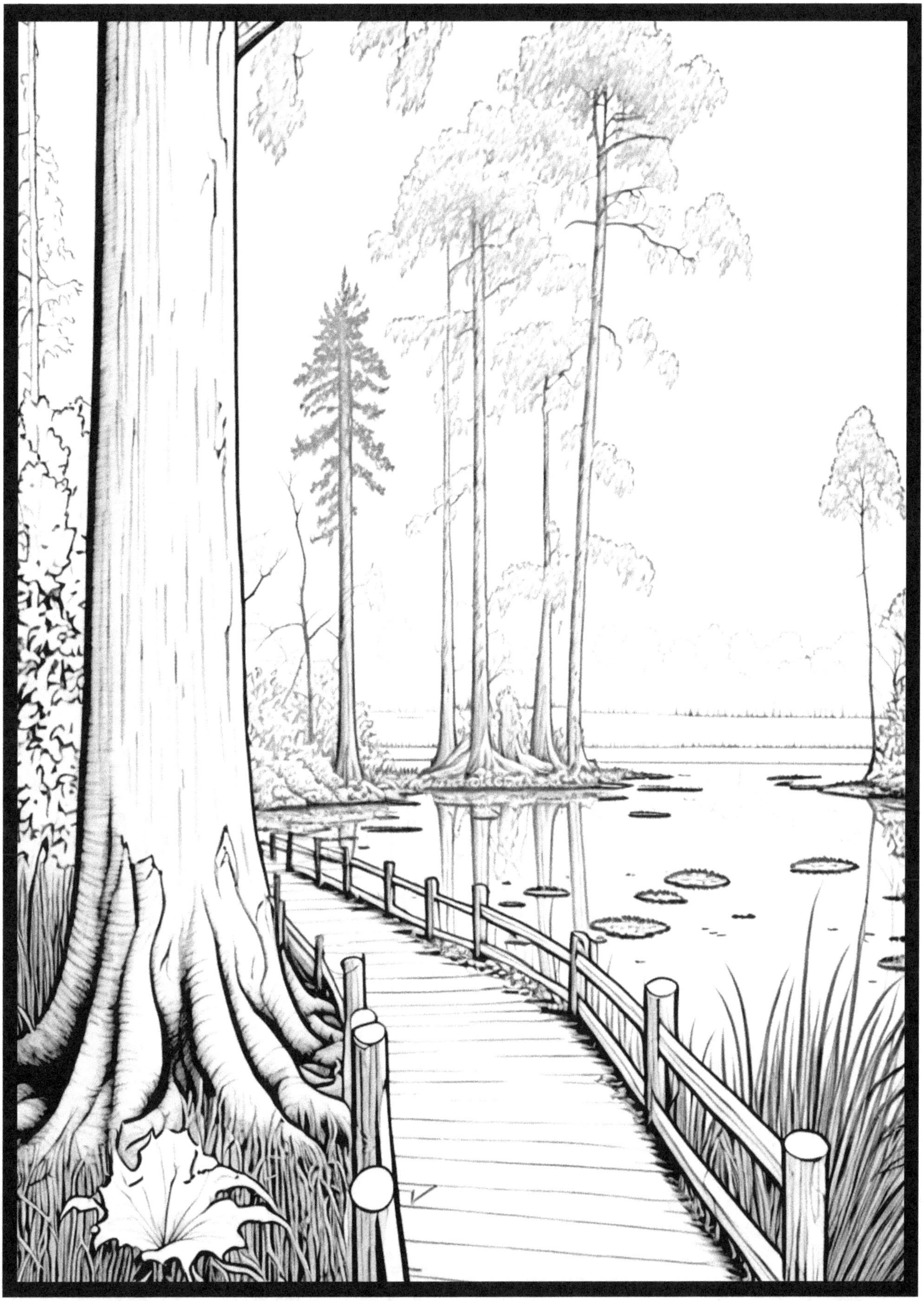

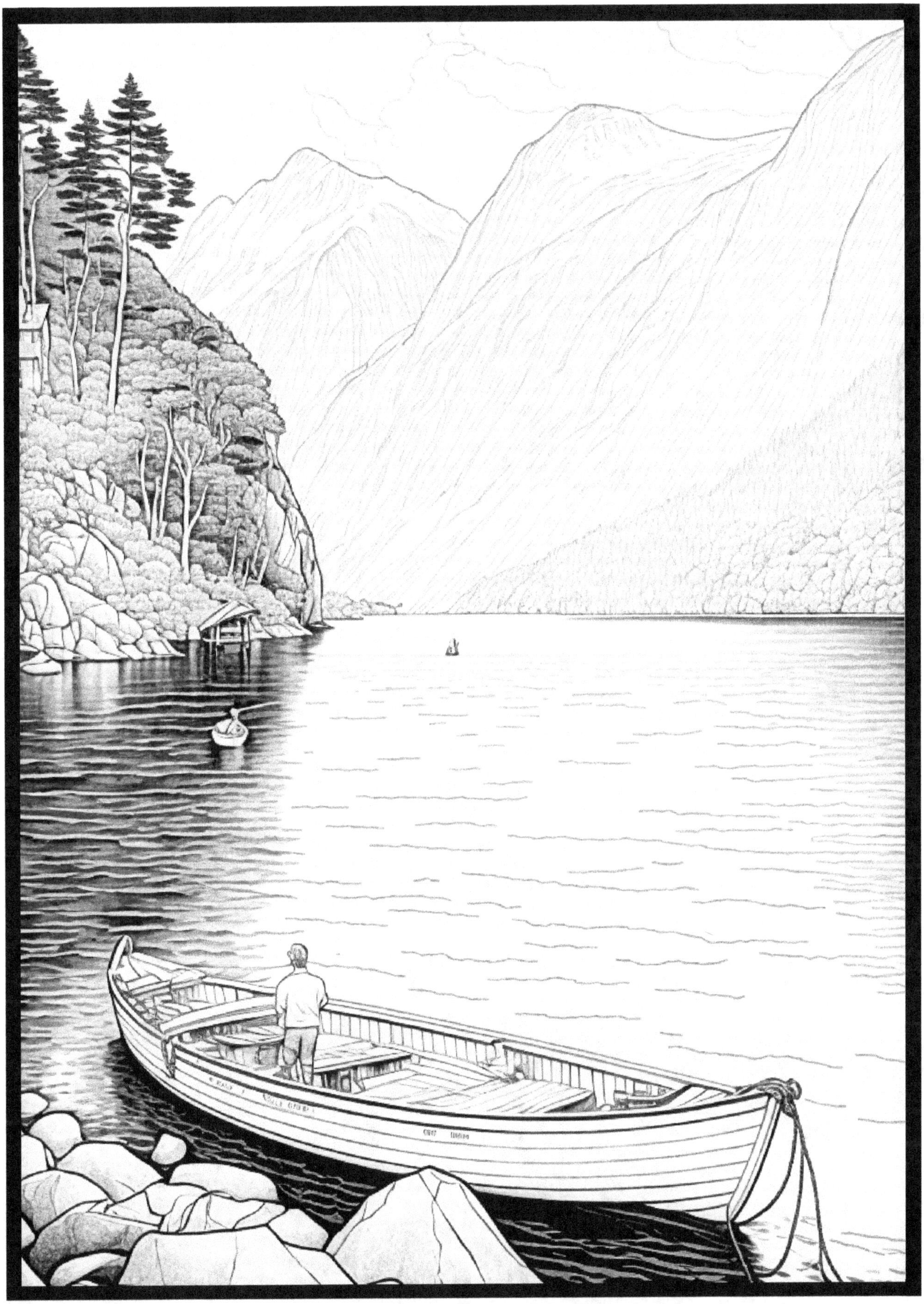

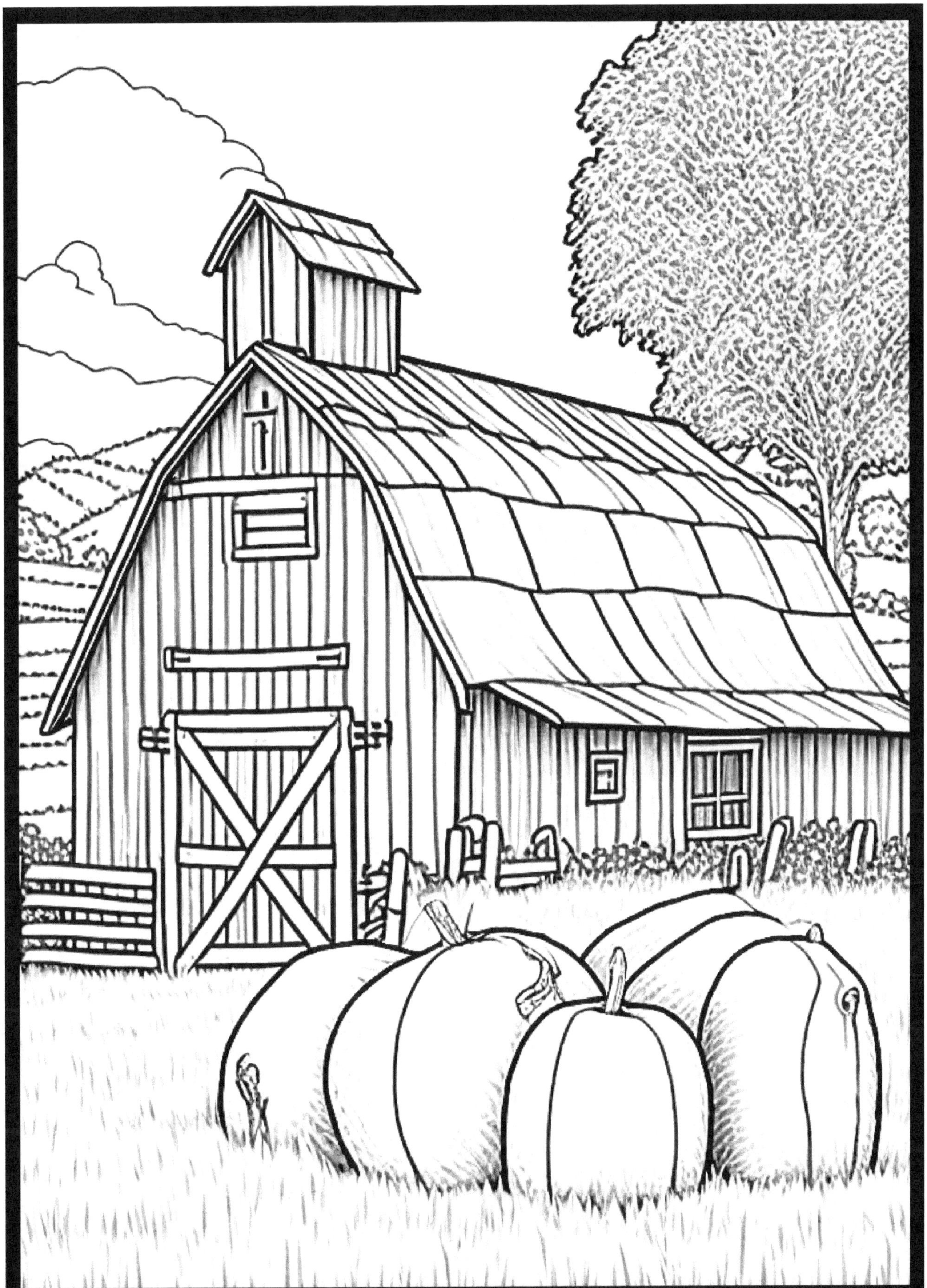

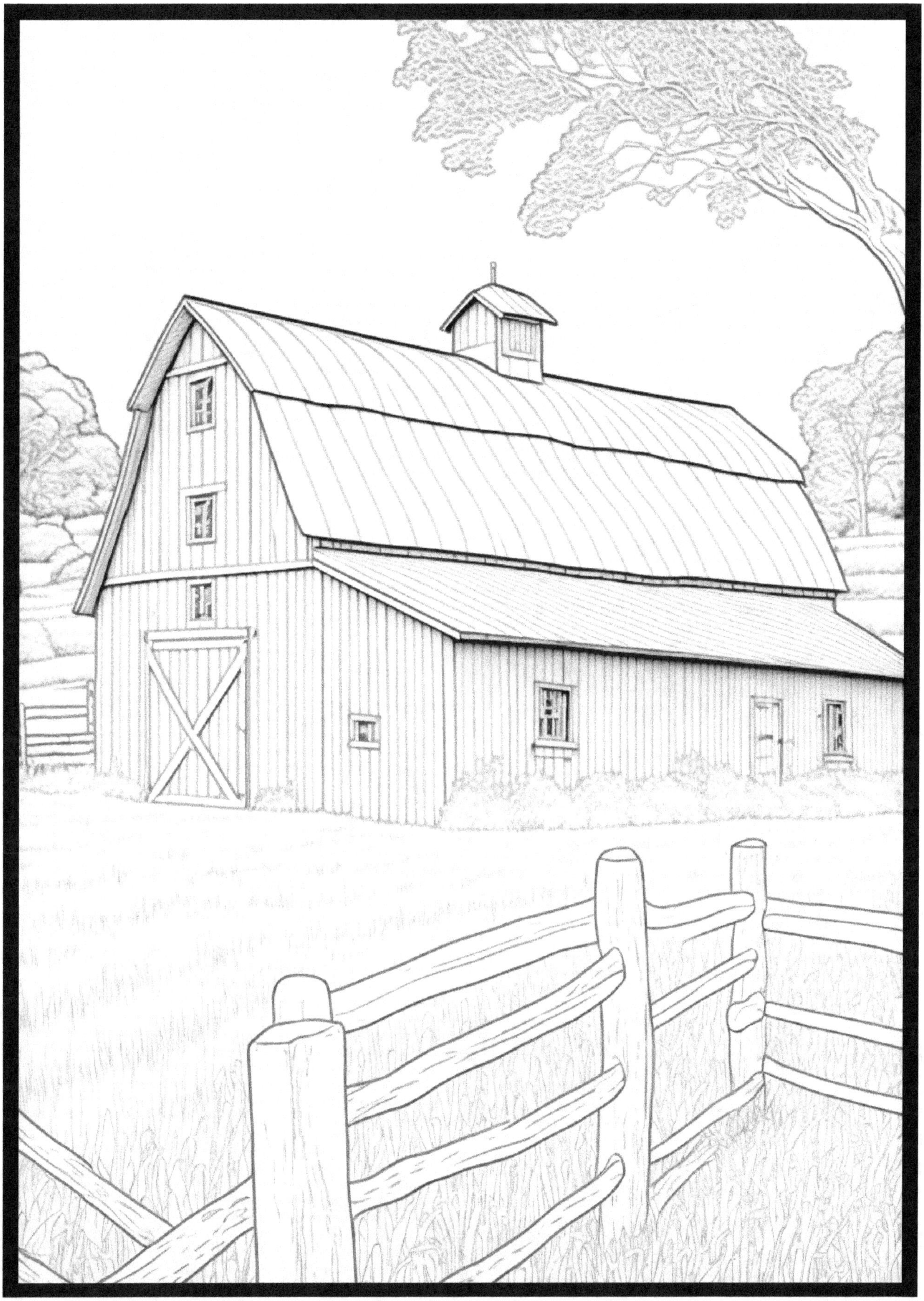

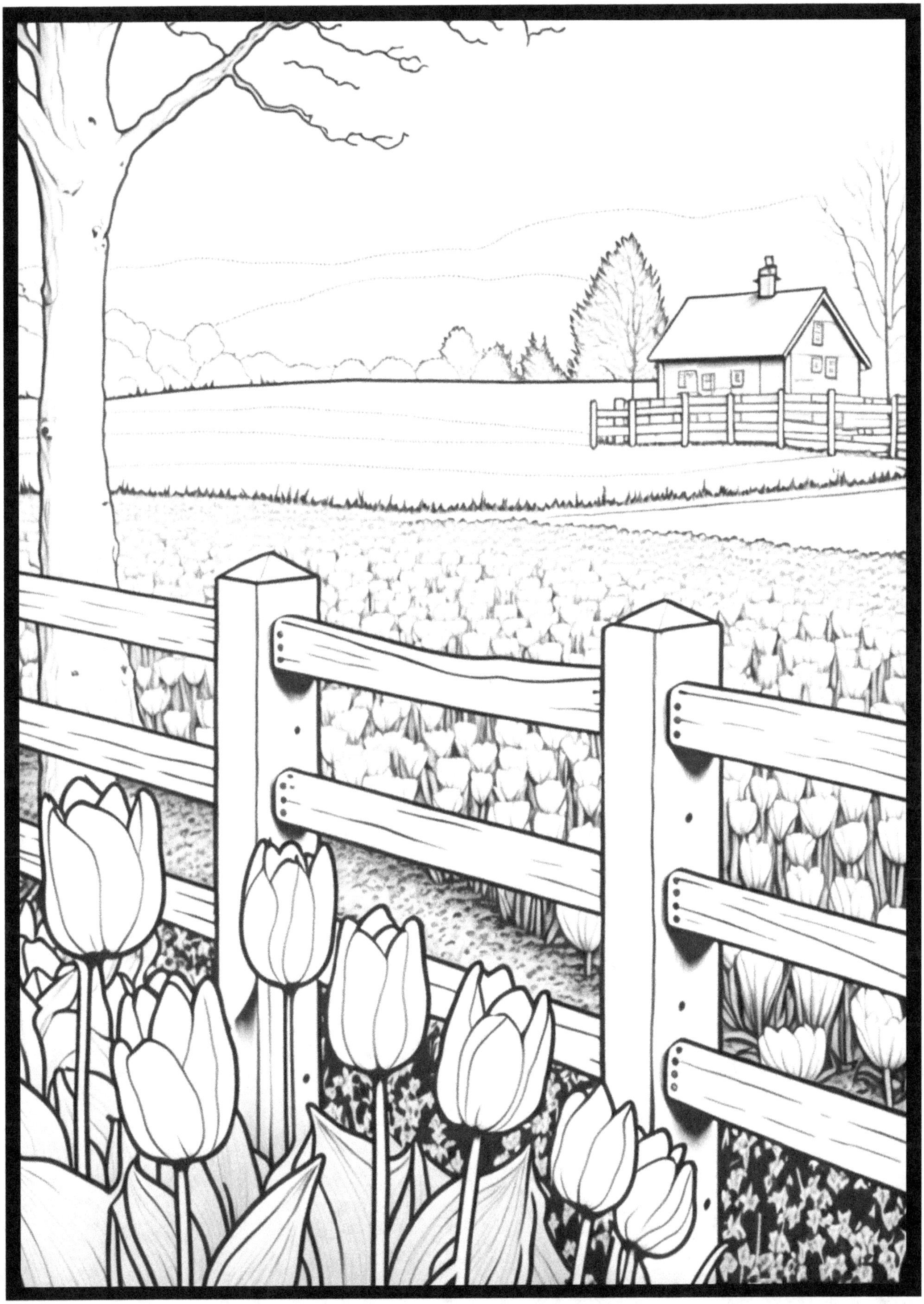

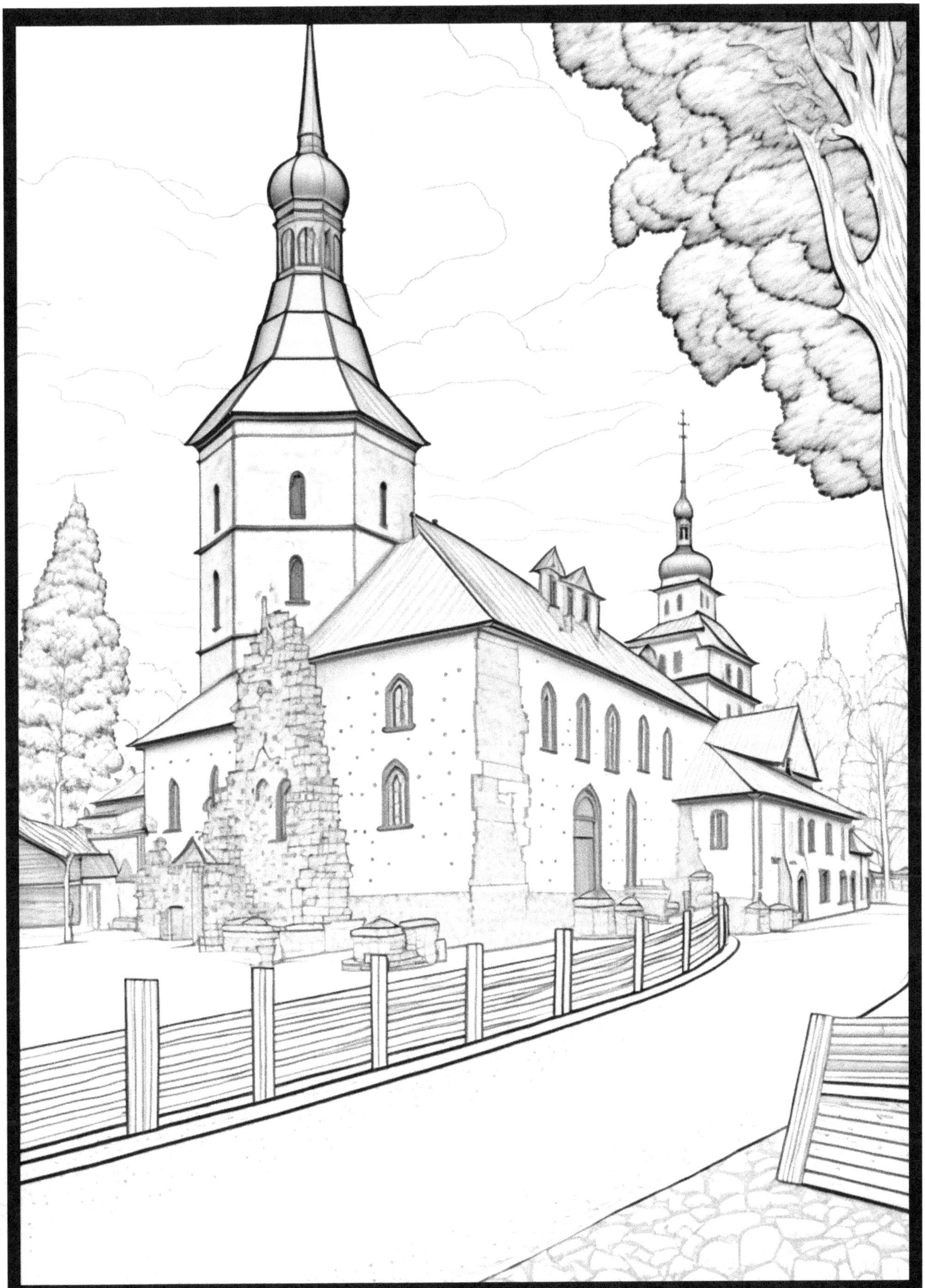

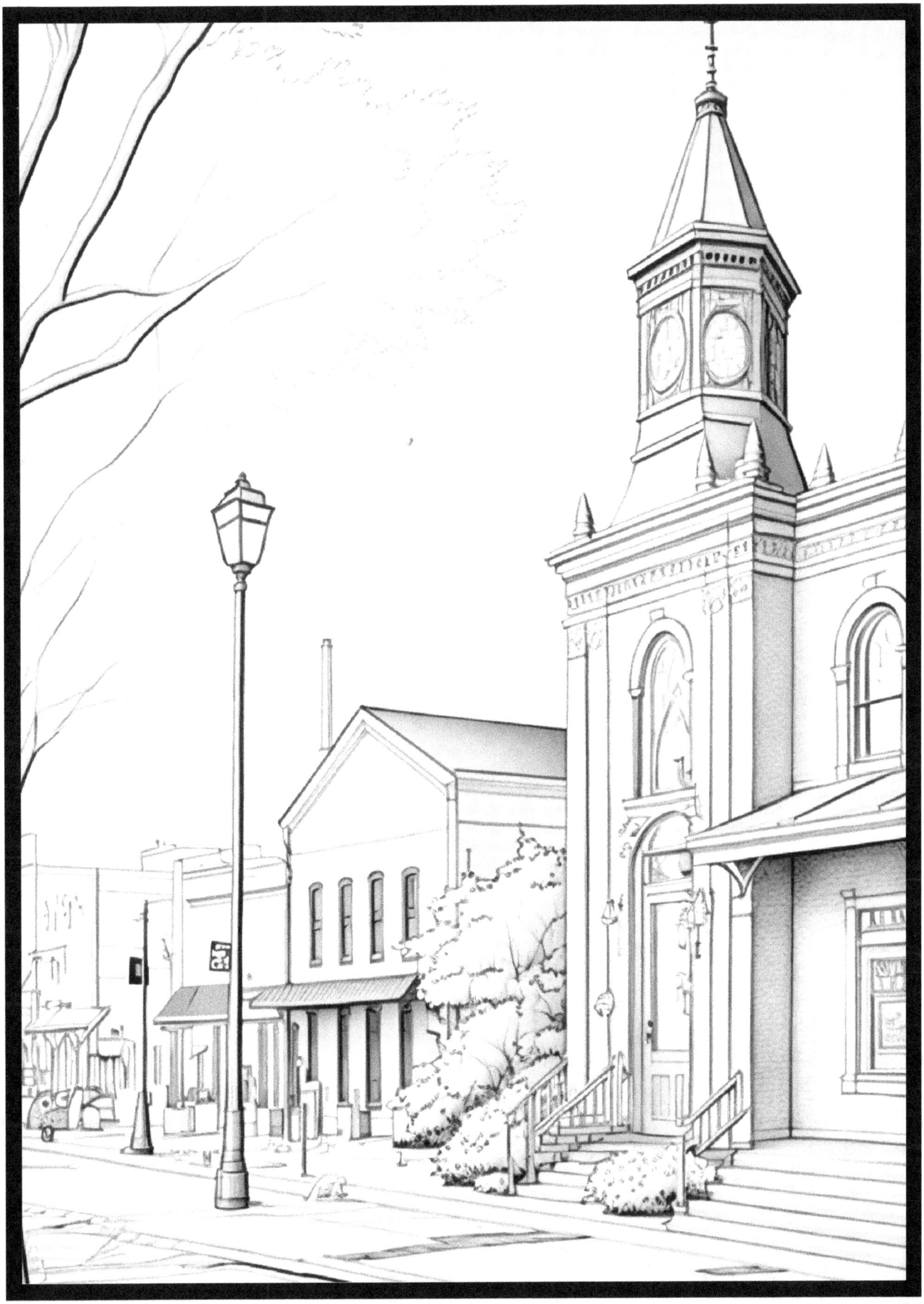

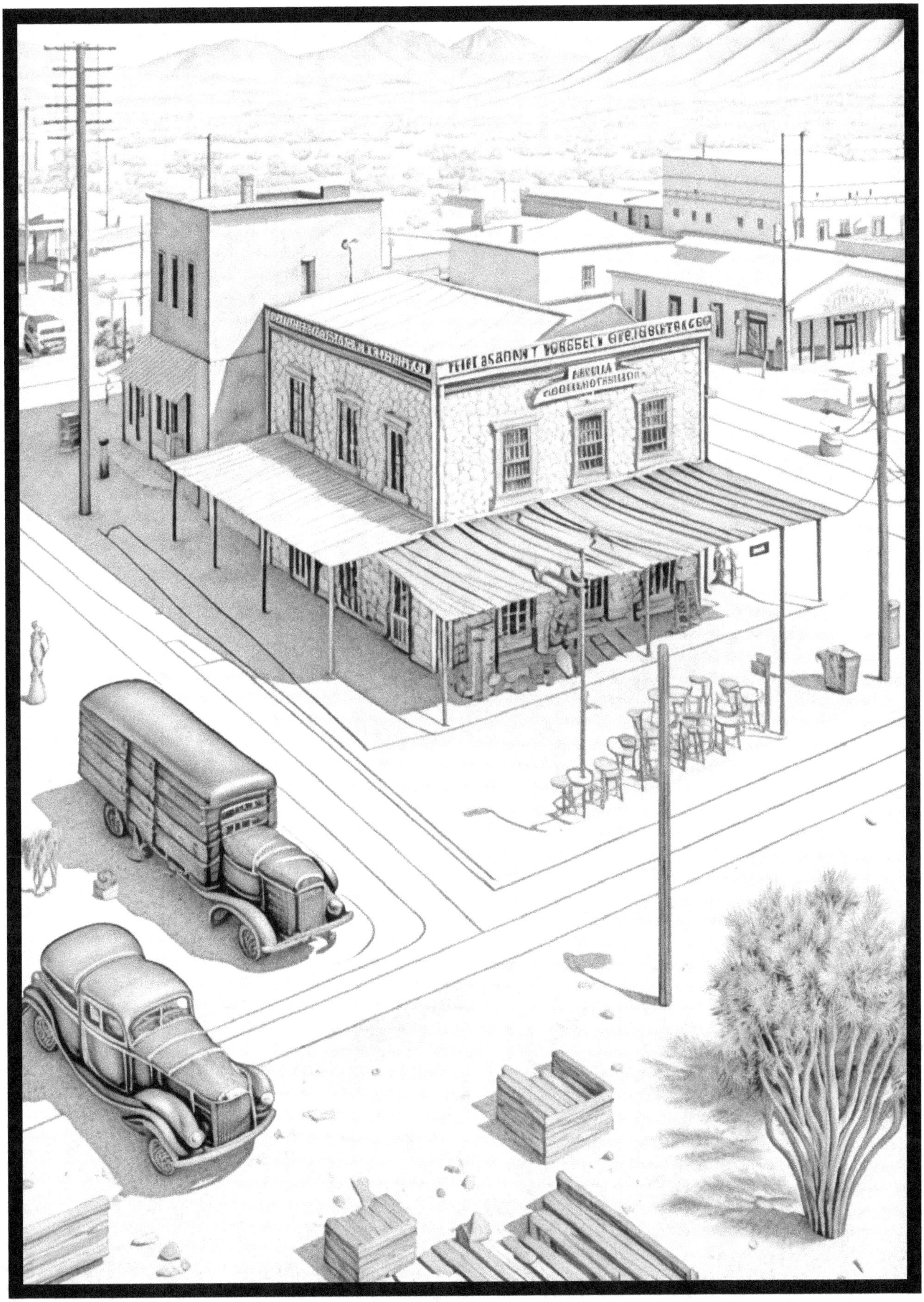

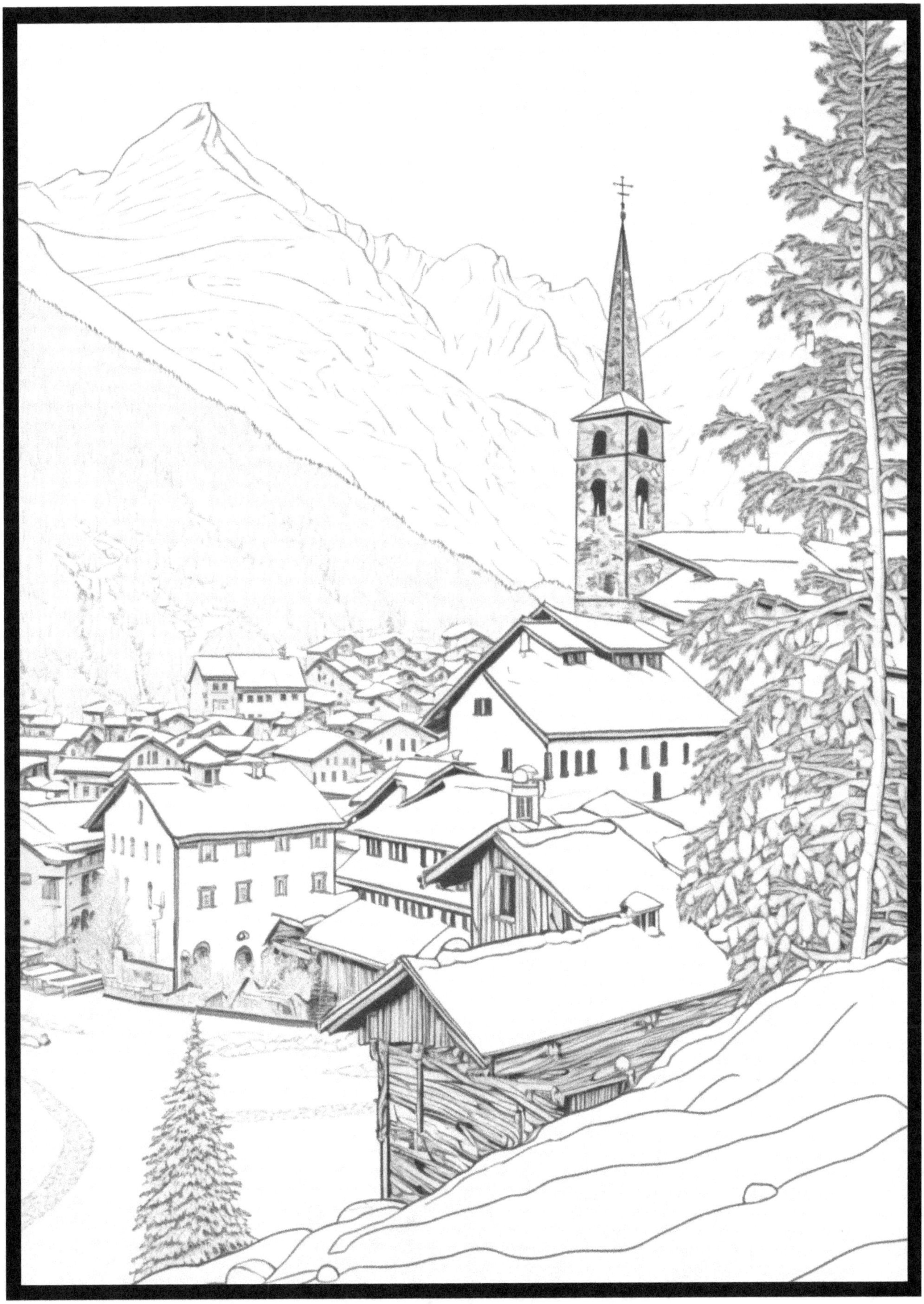

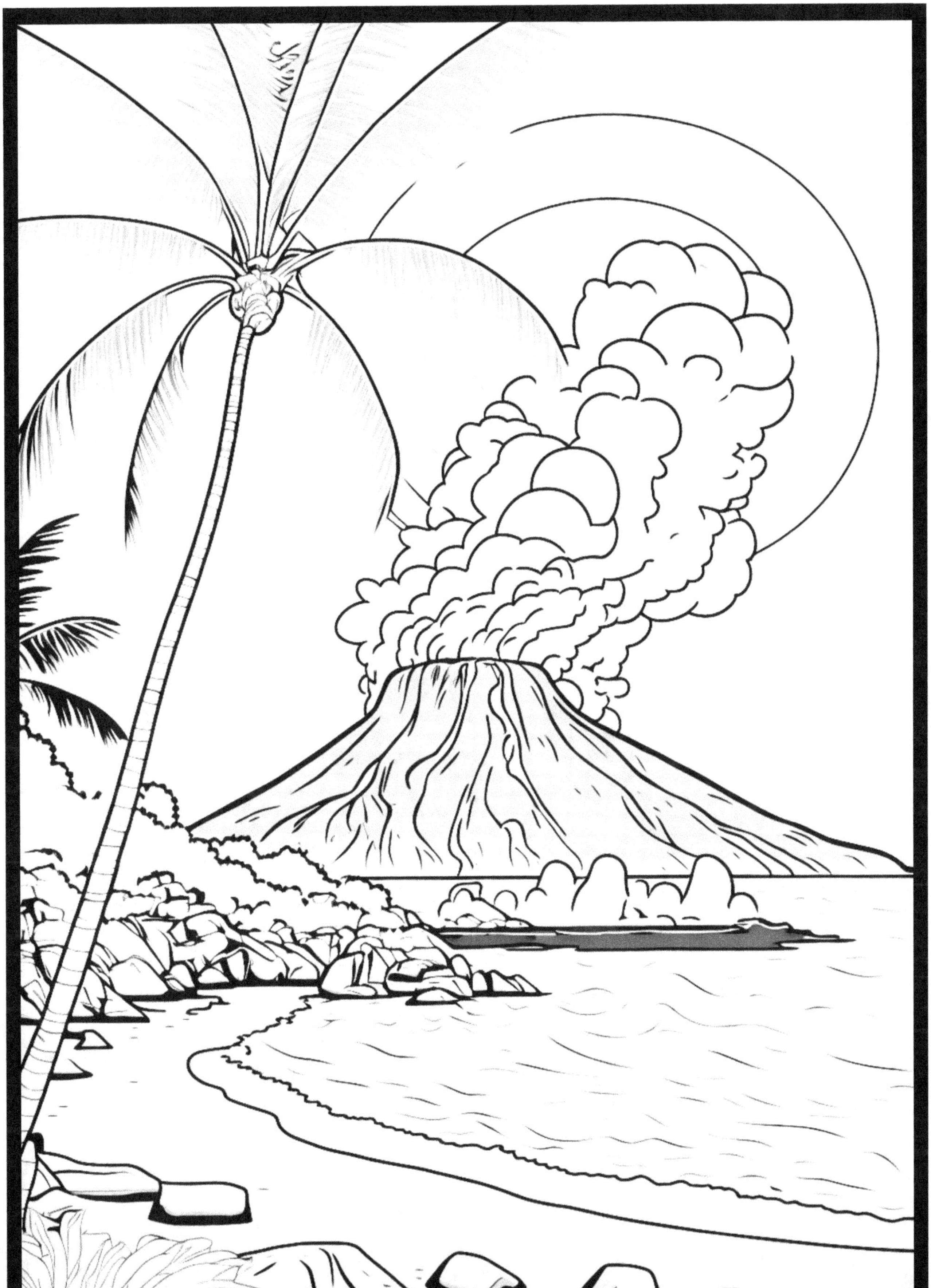

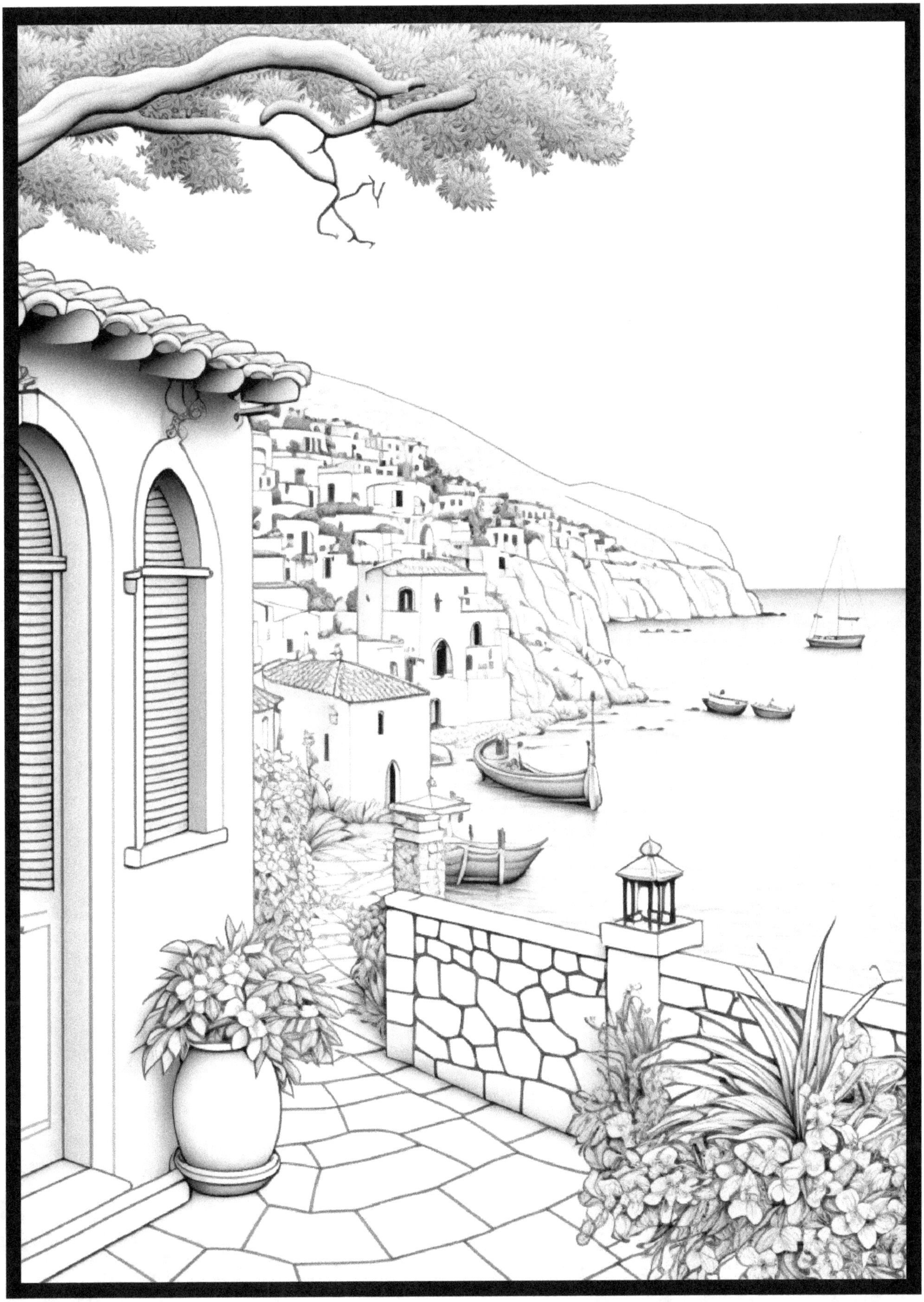

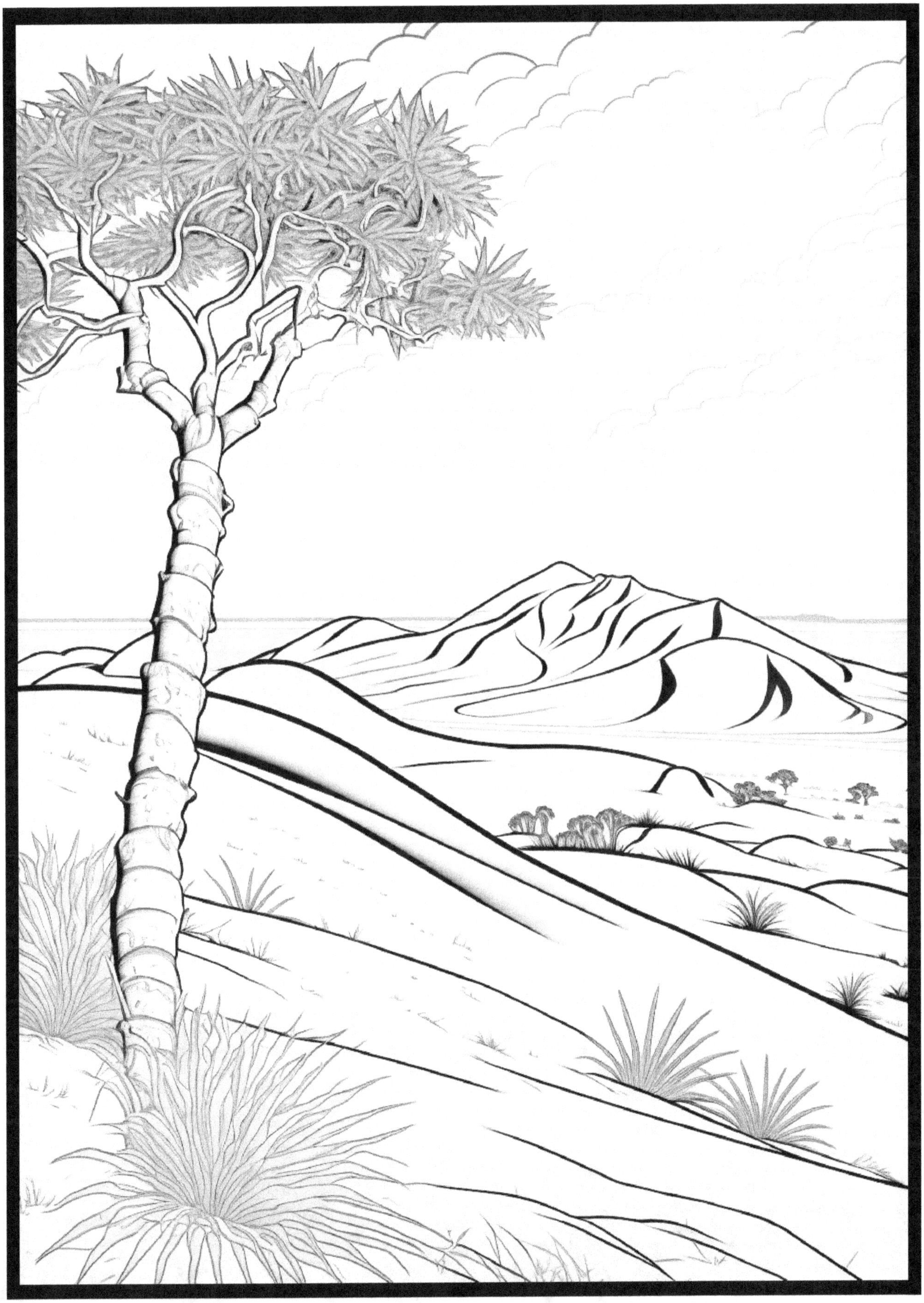

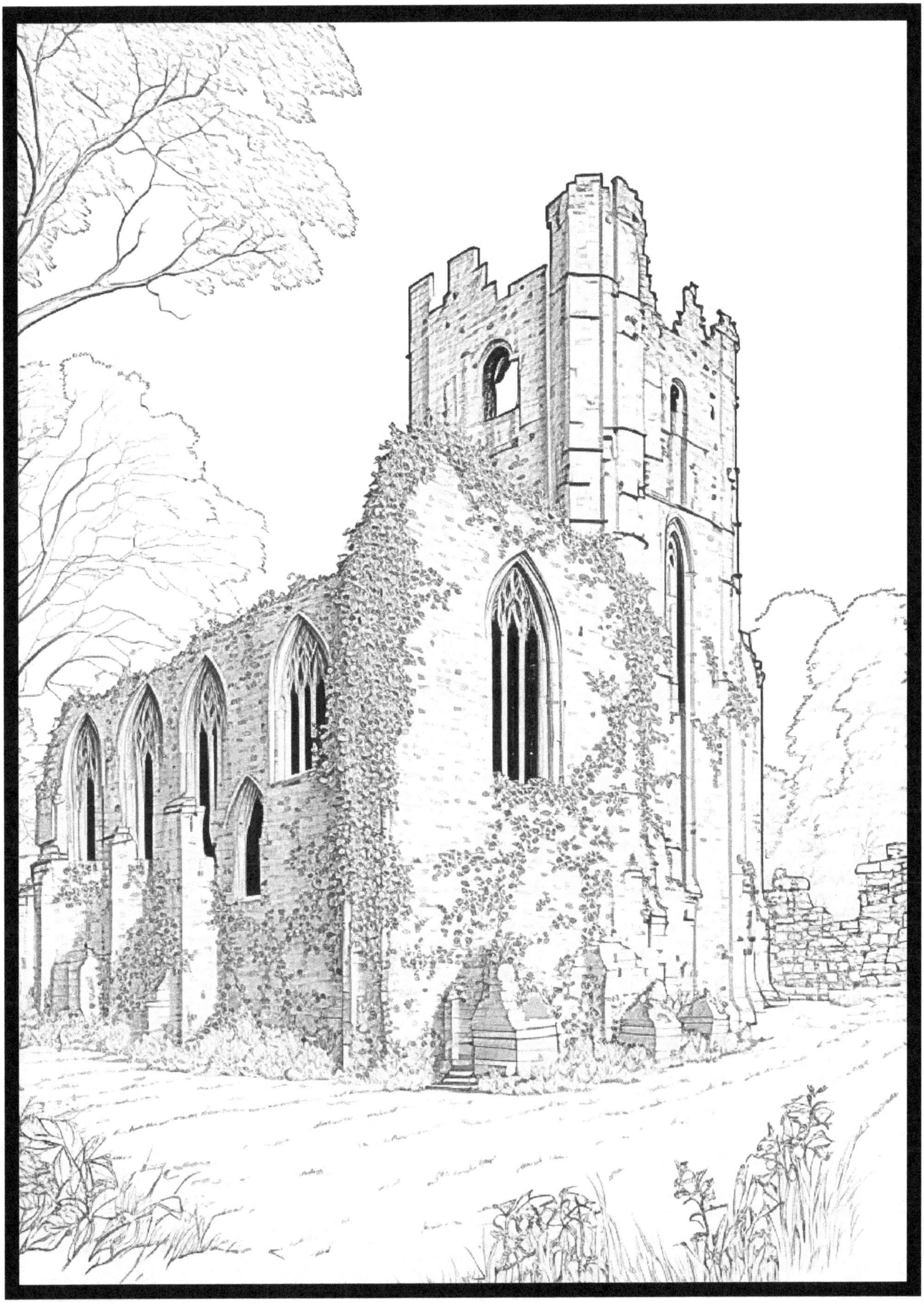

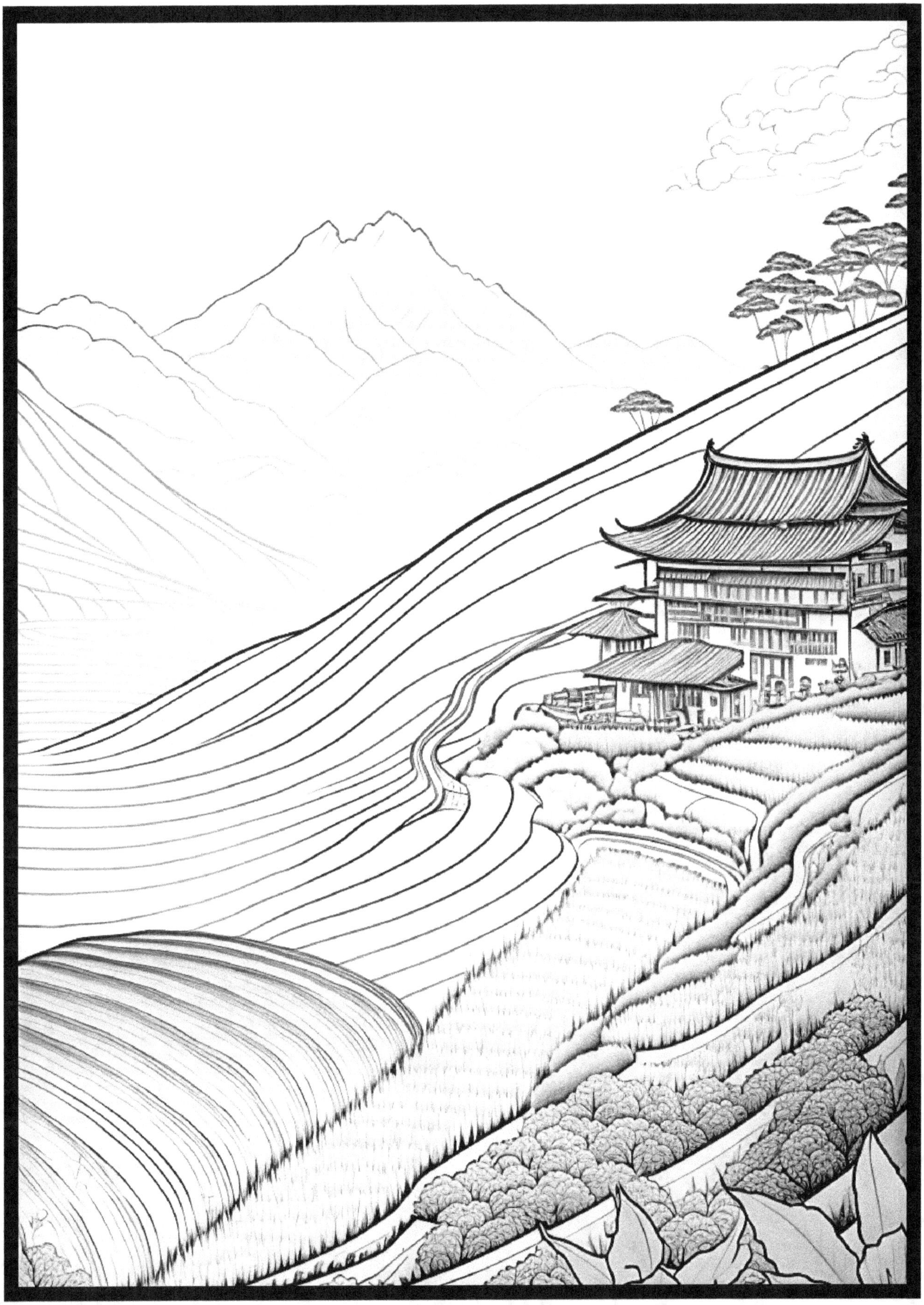

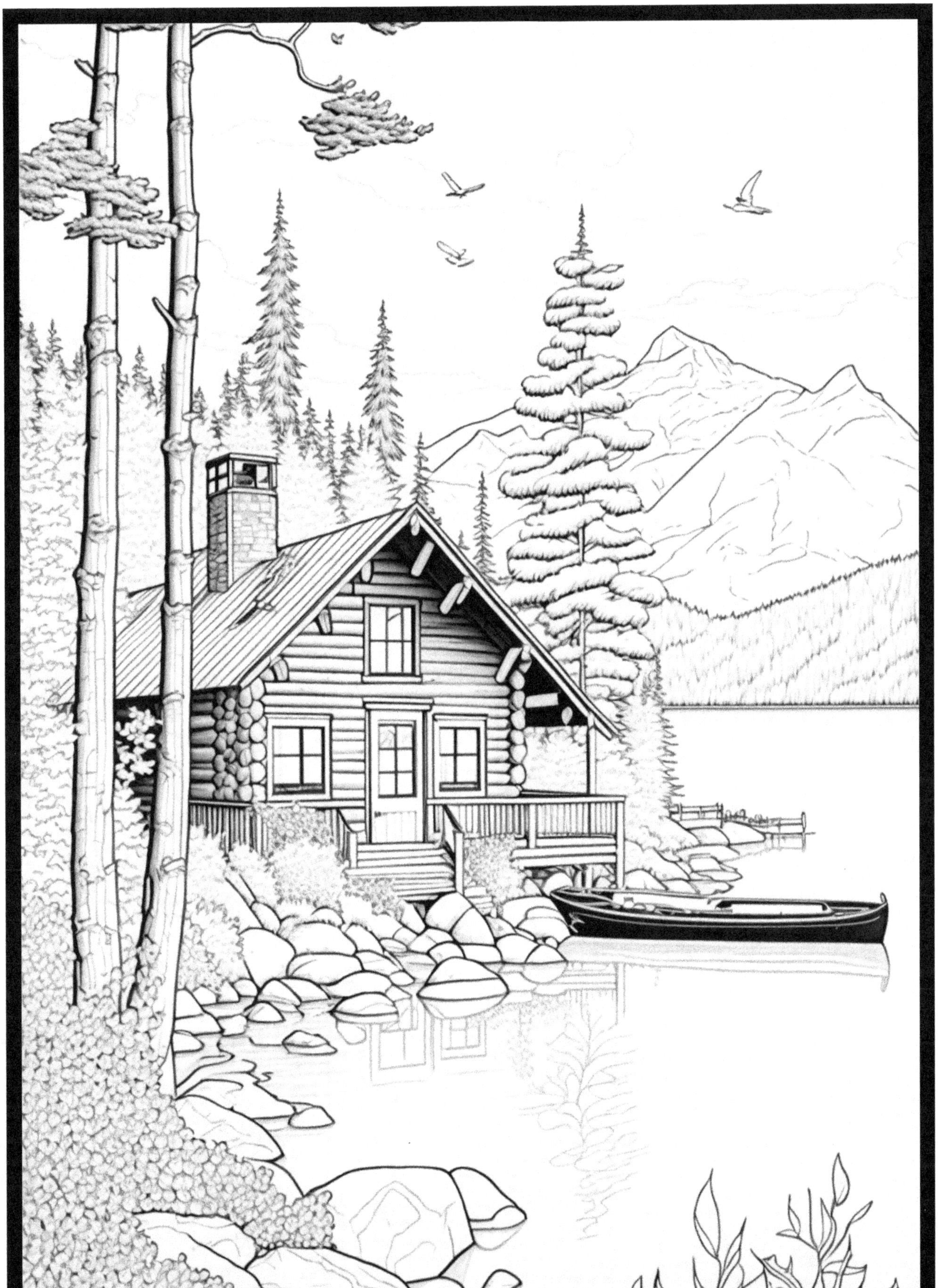

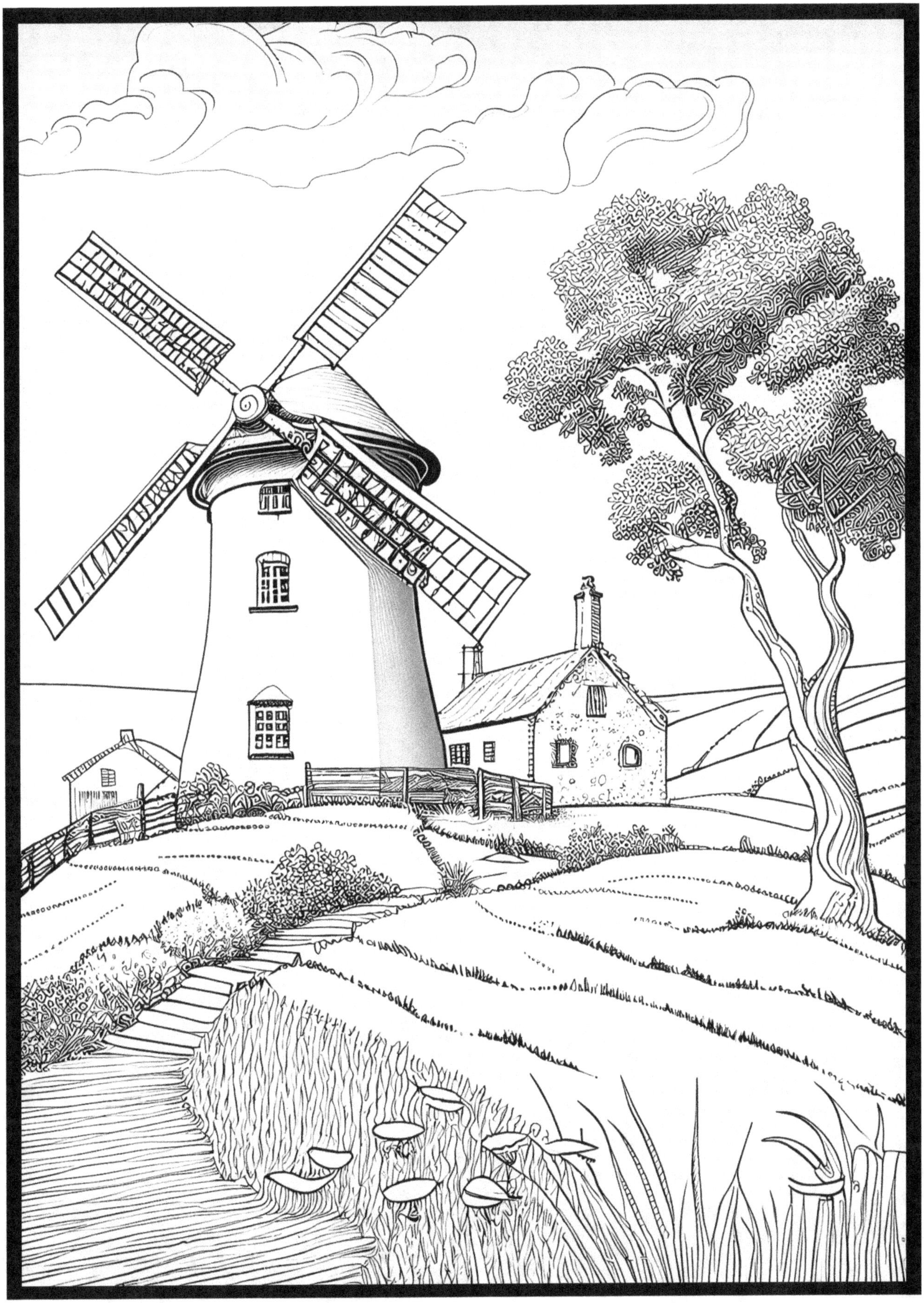

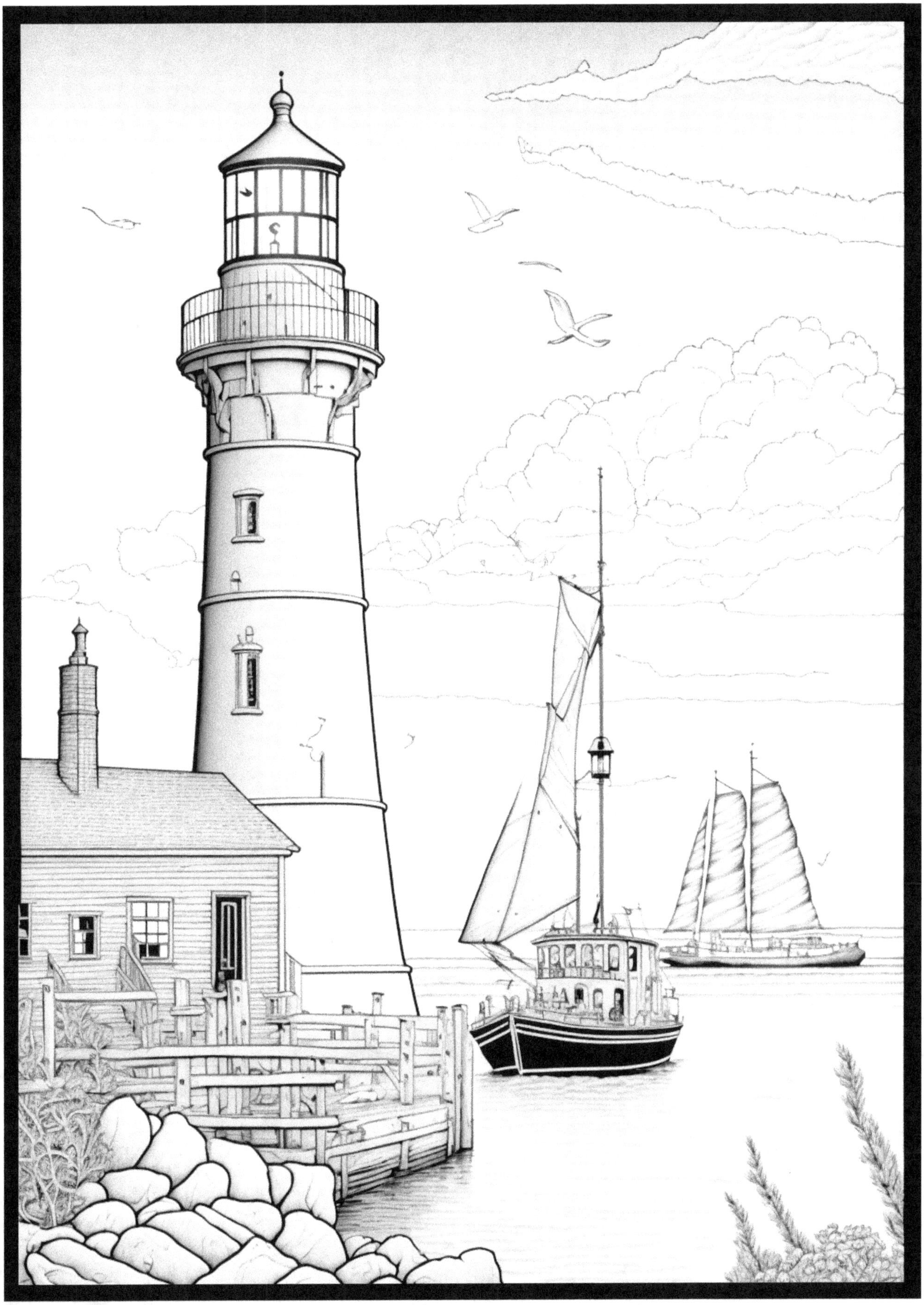

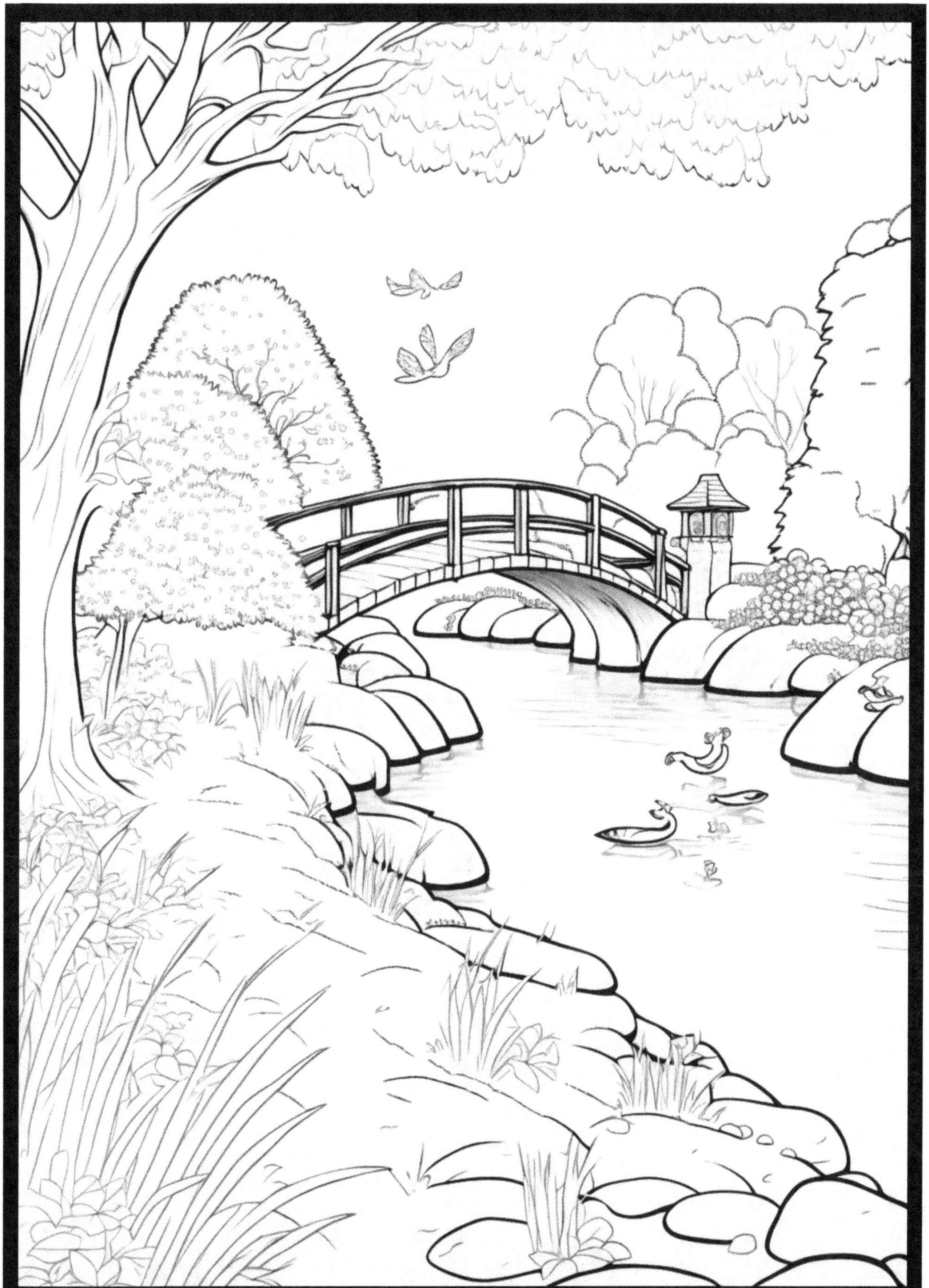

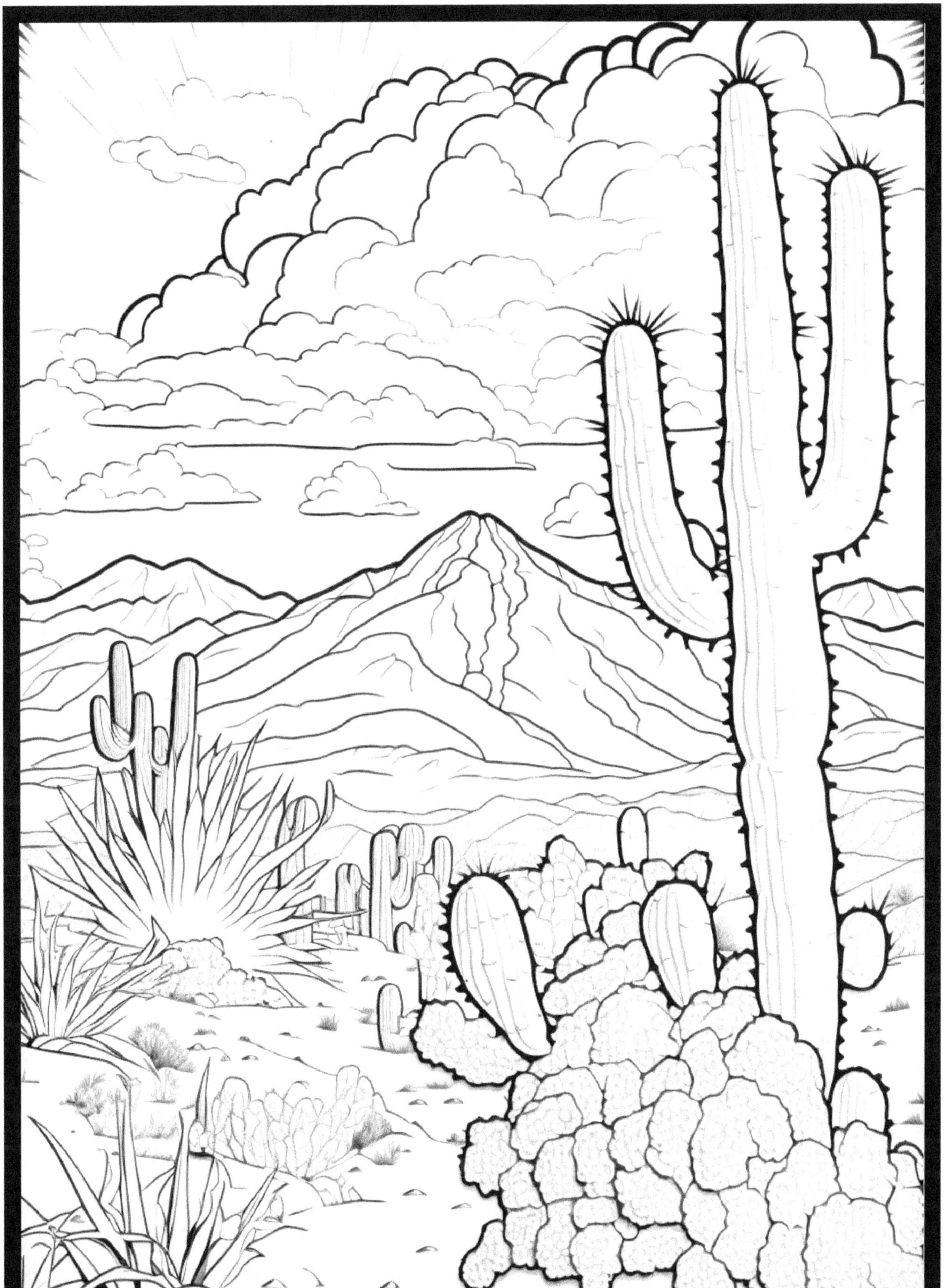

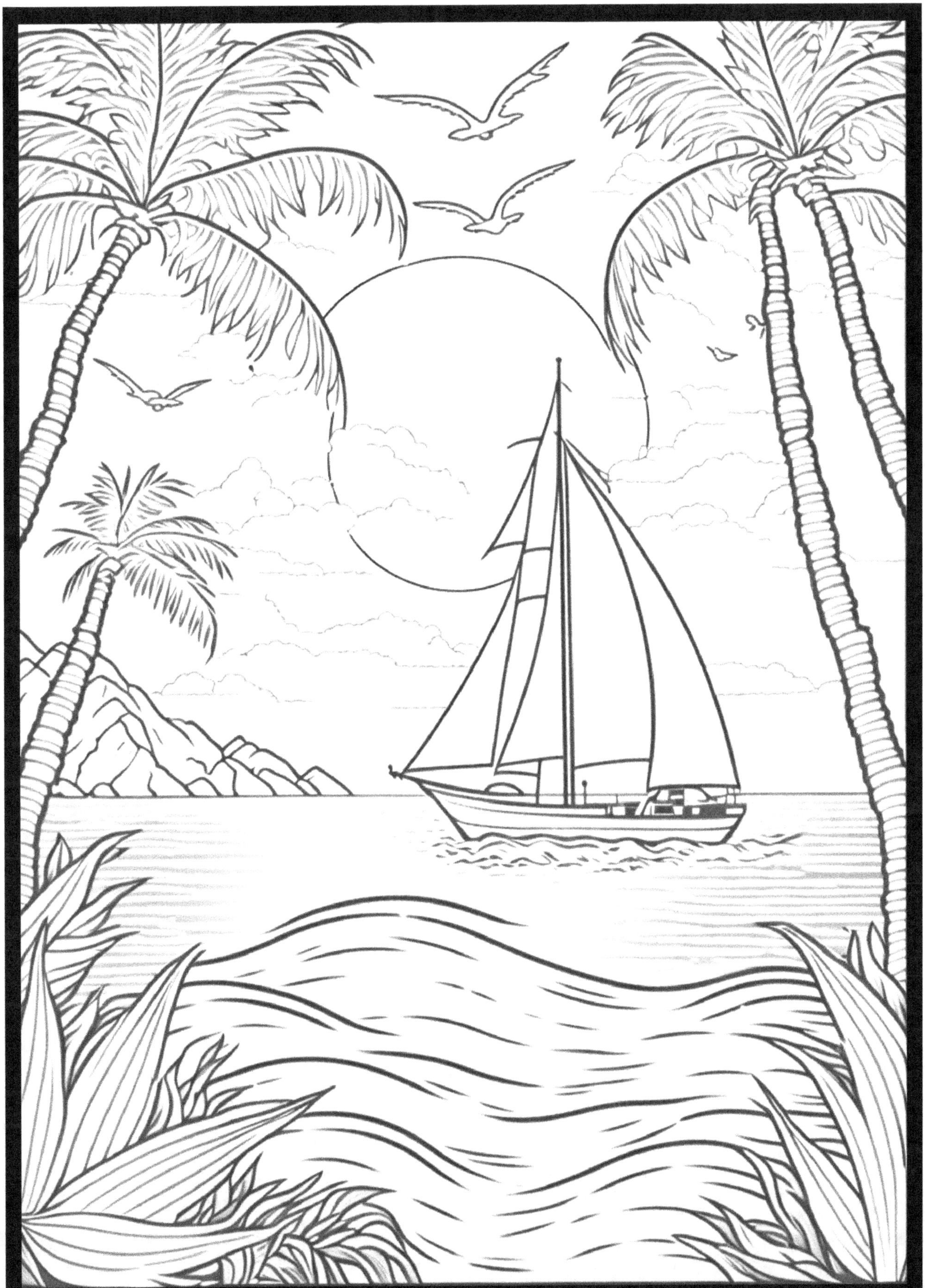

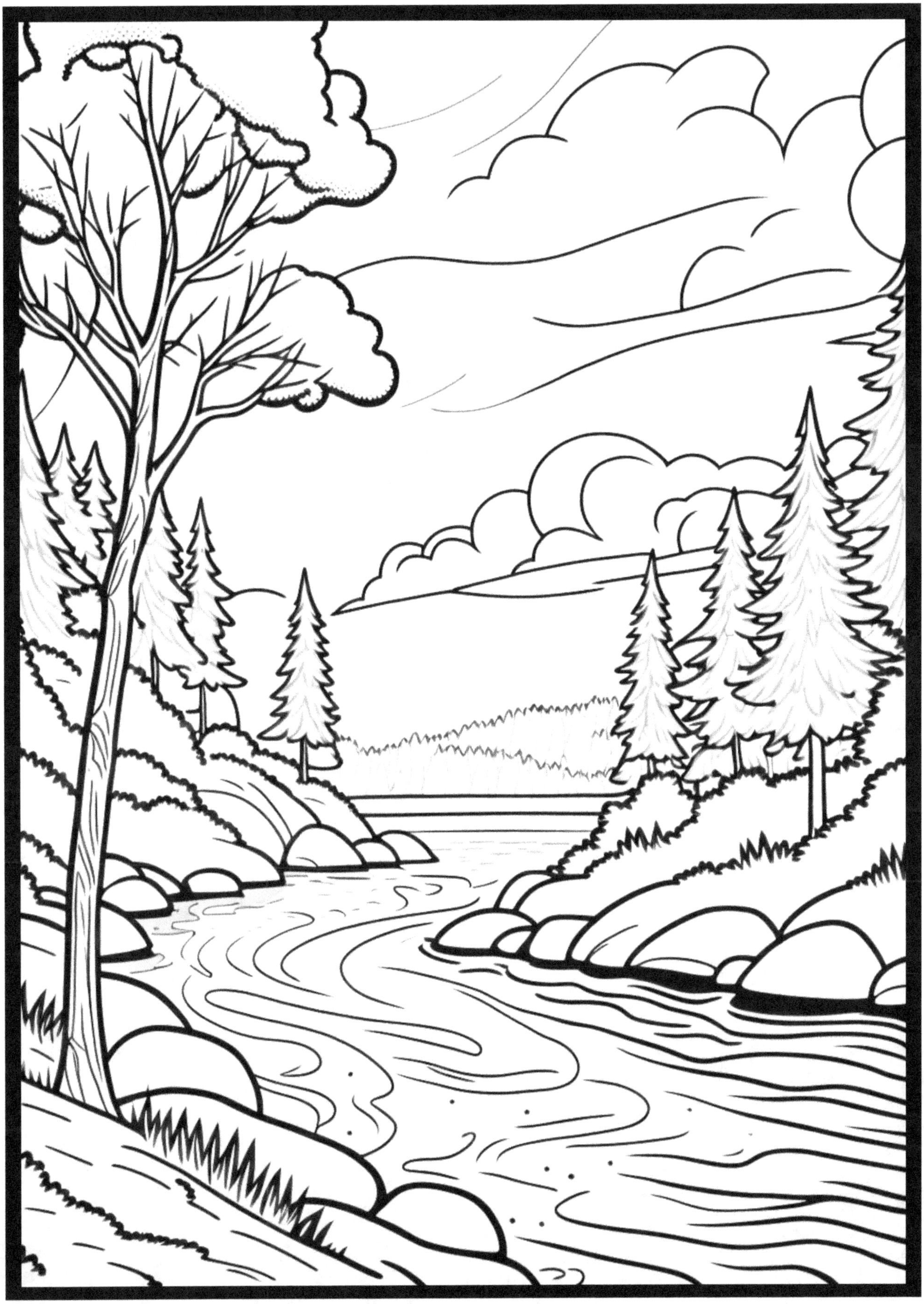

www.ingramcontent.com/pod-product-compliance
Lightning Source LLC
Chambersburg PA
CBHW080913220526
45467CB00022BA/2708
* 9 7 9 8 3 8 9 0 0 8 3 0 4 *